어느 한 아이가

어느 한 아이가

초판 1쇄 발행 2026년 1월 31일

지은이 김철의
펴낸이 장길수
펴낸곳 지식과감성#
출판등록 제2012-000081호

교정 정은솔
디자인 김희영
편집 김희영
검수 이주연, 정윤솔
마케팅 김윤길

주소 서울시 금천구 벚꽃로298 대륭포스트타워6차 1212호
전화 070-4651-3730~4
팩스 070-4325-7006
이메일 ksbookup@naver.com
홈페이지 www.knsbookup.com

ISBN 979-11-392-3065-9(03810)
값 17,000원

지식과감성#
홈페이지 바로가기

제 2 집

김철의 시집

지식과감성#

지은이의 변

1집을 낸 지 5년이 지났어요.
그동안에 저는 은퇴해서 백수가 되었고요.
세월은 어김없이 무상하게 흘러가네요.
그간 틈틈이 쓴 시를 모아 이제 2집을 내게 되었습니다.
우리 모두에게 조금은 위안이 되기를 바랍니다.

2025. 11. 25.
지은이 김철의

목차

I. 홍익인간

II. 어느 한 아이가

III. 봄이 오면

IV. 당신을 그립니다

I. 홍익인간

홍익인간

태초에 한 인간이
하늘에서 내려와

눈에 뜨이는
풀을 뜯어 먹었는데

그 풀이 떡이 되어 나와서
땅속에 숨으니까

갑자기 만물이 소생하며
푸르름으로 가득 찬
살기좋은 세상이 되었답니다

그래서 우리는 이 인간을
홍익인간이라고 말합니다

새 나라의 어린이는
일찍 일어납니다

단군 할아버지 안녕하세요

양반

허풍은 선수요
걸음도 팔자라

아랫것들 잡는 데는 선수요
백수로 사는 것도 팔자라

시 한 수에 물말아 먹고
도포자락 휘날리며

헛기침에 세상 날리고는
뒷짐지고 먼 산 쳐다본다

머리를 자르라 하니
나리를 죽이네

고추먹고 맴 맴
달래먹고 맴 맴

상것

어쩌다 운이 없어 상것으로 태어난 죄로
어쩌다 운이 있어 양반으로 태어난 족속들을

평생 얼굴 한 번 바로 세우지 못하고
맨날 양반 신발코만 보며 살아야 하는
인생이라네

양반이 저지른 처사의 뒤치다꺼리가 업(業)이고
양반을 먹여 살려야 하는 것 또한 업(業)일세

세상일은 다 하면서도
잘난 것은 양반이요
못난 것은 내 차지라네

하도 눈치를 봐서
눈이 찢어졌어요

왜 나를 나셨나요

타령

사랑 사랑 사랑
내 사랑이야

내가 부르는 것도 타령이요
당신이 부르는 것도 타령이라

당신의 치마꼬리 꼭 잡고
졸졸 따라다니던
지난날의 세월이 그리워

오늘도 타령을 일삼으며
넋두리를 패 댄다

작년에 왔던 각설이
죽지도 않고 또 왔네

아리랑

아리아리 동 동
쓰리쓰리 동 동

진도에서 아리랑
갑산에서 아리랑

부르는 건 같은데
부르는 게 다르네

나는 누구뇨
너는 누구냐

날 좀 보소
날 좀 보소

동지 섣달 꽃 본 듯이
날 좀 보소

나를 버리고 가시는 임은
십 리도 못가서 발병 난다

손잡고 가자
같이 가보자

아라리요
아라리요
아이랑 고개를

노래하며
춤추며
흘러가네

전쟁

전쟁은 있는 것인데
전쟁은 없는 것처럼

착각하고
망각하고

내일 전쟁이 난다고 해도
내일 전쟁이 안 날 것처럼

위장하고
포장하고

전쟁은 없다
라고 외치면
바로 오지요

전쟁은 싫어
지는 건 더 싫어

아침에 해가 뜨고
저녁에 해가 진다

정의(正義) 2

어느 날부터 정의가 연모하는
상대가 생겼어요

맨날 멀리서 그를 바라보며
그리워하지요

그러던 어느 날 그와 딱 마주쳐서
눈 맞춤을 했어요

그때부터 정의는 그와 한 몸이 되었어요

우리는 그를 실정법이라 부르지요

정의가 실정법을 만나면 천하장사가 되지요

천하장사는 꽃가마를 타요

그러다 해가 바뀌면 사라져요

법(法)과 정치(政治) 2

법은 평등하게
정치는 선의로

법은 바르게
정치는 정직하게

그림은 법으로 그리고
여백은 정치로 채워라

생로병사는 모두가 흘러가는 길 이고
그 생로병사를 조율하는 것이
법과 정치의 세계이지요

우리는 그 세계에
순응하고 불응하며
오늘에 이르렀소

이제 한 방울의 낙수처럼 갈 것이고
그 다음은 다음 사람의 몫 이지요

법은 기쁨을 주는 착하게
정치는 희망을 주는 아름답게

민주주의 1

삼권분립은 민주주의의 밥상

민주주의는 시끄러워요
무슨말이 그리 많은지 난장판이 되지요

밥상에는 여러 개의 밥그릇이 있어요
욕심이 발동해서 남의 밥이 많아 보이고
남의 밥그릇이 커 보여서
곁눈질, 삿대질하면서 분분해 하지요

사람은 꼭 해야 하는 말이 있고
해서는 안되는 말이 있어요
해야 할 말과 해서는 안되는 말을
가리지 못하면 망신의 지름길로 가지요

욕심이 충만해서 칼춤을 추어서는 안되고
소명에 충실해서 자리를 지켜야 되는 것이지요
내려놓을 줄 아는 사람이 밥상을 지킵니다
죽고자 하면 살고 살고자 하면 죽는다

민주주의 2

선거는 민주주의의 꽃

선거 때만 되면
하늘에서 뚝 떨어진 인사가
온갖 감언이설과 선전 선동으로
세상을 뒤흔든다

잘된 것, 좋은 것은 내 탓
잘못된 것, 나쁜 것은 네 탓

공로는 내 것
책임은 네 것

민주주의는 선거를 먹고 산다

선거는 좋은 꽃
선거는 나쁜 꽃

당신의 마음은 어디에 있나요

민주주의 3

임기제는 민주주의의 생명줄

아무리 붙잡아도 시계는 간다
거꾸로 매달아도 시계는 간다

네 시계는 몇 시냐
내 시계는 몇 시다

민주주의라는 그림을 하늘판에 그린다
민주주의라는 그림을 대지판에 새긴다

나는 참 잘 그렸다
너는 왜 못 새기냐

칭찬은 손톱만큼
비난은 태풍처럼

그러다
그러다

시간이 되면
쥐구멍 찾아서 사라진다

임기제는 민주주의의 생명줄
민주주의는 사람이 하는 것이다

II. 어느 한 아이가

어느 한 아이가

싫었어요

그리고 무서웠어요

그래서 마음속으로 빌었어요

이 고초에서 벗어날 수만 있다면
하루에 밥 두 번만 먹어도 괜찮다
그러며 살았어요

어느 한 아이가

곁다리의 꿈

곁다리가 좋아서 된것은 아니겠고
어쩌다 보니 곁다리가 된
곁다리에게 꿈이 있었네

매일 끼니를 어떻게 해결할 것을 고민하고
매일 하루를 어떻게 소일할 것을 고민하며
살아야 하는 곁다리에게

자유, 인권은 사치스럽고
그저 하루 하루 끼니 걱정과
잠자리 걱정을 해야 하는
곁다리에게 꿈이 있었네

벗어나고파

숨

없는 것 같은데 있고

있는 것 같은데 보이지 않고

보이지 않으나 숨을 쉬고

숨을 쉬면서 춤을 추고

춤을 추면서 사랑을 한다

보이지 않고 잡히지도 않는데
살아서 숨을 쉬며 사랑을 한다

달라 하네

달라 하네
달라 하네
젖먹이가 어미에게
젖을 달라 하네

달라 하네
달라 하네
꼬맹이가 또래에게
장난감을 달라 하네

달라 하네
달라 하네
젊은이가 여인에게
사랑을 달라 하네

조만간에

조만간에 만나서 밥을 먹자

조만간에 만나서 팔씨름을 해보자

조만간에 만나서 흥정을 하자

조만간에

마음이 머물다

우리가 산들 길어야 백 년인데
억겁의 삶을 어찌 담을 수 있으리
그저 수박 겉 핥듯 스치는 시늉뿐

어쩌다 운이 닿으면 눈곱만큼
울리는 마음의 소리에 넋을 내놓는다
당장 숨이 넘어갈 것처럼

차라리 느끼지 못했다면 무심이 상전이지
마음에 와닿는 미동이 소리가
마음을 헤집어 놓는구나

지렁이나 나 나
개미나 나 나

같이 숨 쉬며
사는 세상이라네

마음이 머물다 간 자리
그냥 슬퍼지네

광대

슬픔도 품고
기쁨도 품으니
생기는 웃음을 파네

슬픔도 품고
기쁨도 품으니
생기는 웃음을 산다

뱃속에 있는
온갖 노폐물을
배설하며

삶에 박힌
응어리를 풀어줄
광대의 웃음이 그리워

존중하고
존경하세

메~롱

장승

세상을 보잡고
세월을 축내다가

머리가 버거우니
땅만 보이네

이리저리 휘둘러
만감을 찾으니

뜨이는 건 모조리
깐 콩깍지일 뿐

너 하나 나 하나
노나 갖기엔 분분하니

차라리 동구 밖 장승이 되어
오가는 민초들 길동무나 해야 할까 보다

길동무

오다
가다
만나

서로 좋아 사족을 못 쓰다가
서로 싫어 머리를 젓는다

좋아서 간을 내어 주다가
싫어서 간을 내어 먹는다

스무 살에 죽이 맞아 어깨동무하고
마흔 살에 결이 달라 어깨를 겨루며
예순 살에 무덤덤하게 어깨를 두드린다

그러다 어느 날에 악수를 나누고는
등 돌려서 제 갈 길 간다
아무런 일도 없었다는 듯이

자고로

동지 섣달 긴 긴 밤에
화로에 둘러앉아
고구마 구워 먹으며
만리장성을 쌓던
지난날이 엊그젠데

눈치는 순식간에
손놀림은 잽싸게
핸드폰 두드리며
세상을 붙잡는
오늘날이 되었는데

어쩌다
어떻게

자고로
사람 사는 것은 같은데
사람 사는 것이 별세계네

나는 꼰대다

무심결에 청년에게 반말을 했어요
청년이

“왜 나에게 반말해요”

라고 항의를 했지요
그러니까 갑자기 화가 머리까지 차서
참을 수가 없었어요

“네가 먼저 잘못했잖아”

라고 소리를 질렀죠
결국 별수 없이 꼰대가 되었어요

나는 꼰대다

서(序)

물 한 모금 입에 물고 하늘 한 번 쳐다보고
물 한 모금 입에 물고 하늘 한 번 쳐다보고

누구에게나 처음은 있게 마련인데
영문도 모르는 채 한참을 헤매다가

어느 순간에 지나가 버린 뒷모습을 보며
치열하게 고민하며 실패를 쌓는다

성취는 남에게 있고
좌절은 나에게 있다

그러다 운이 닿으면 바꿔 먹는다
저절로 되는 것은 어디에도 없다

차곡차곡 순리를 찾아서
우연을 가장한 섭리를 기대하네

희망도 있으련만 보이지가 않으니
새벽별은 알겠는데 저녁놀은 오리무중이네

행로의 한 편에서

사유(思惟)

존재는 가치와 상관없이 있는 것이요
가치는 존재와 상관없이 있는 것이요
우리는 존재나 가치에 상관없이 있는 것이다

여기에 욕심이 생기면 존재나 가치를 따지게 된다
사람이 욕심 없이 살 수는 없다
생존 자체가 욕심이다

모든 일에는 때가 있다
때가 될 때까지 기다려라
참고 기다리는 사람만이 가질 수 있다

상대를 인정하는 것이 관계의 첫 걸음이다
인정이 먼저 고 요구는 그 다음이다
그저 마음으로 주고 받는다

누구든 자신만의 길이 있고 그 길을 산다
우리가 사는 길이자 나아갈 길이다

Ⅲ. 봄이 오면

봄이 오면

봄이 오면
봄이 오면

땅속에서 잠자던 생명의 씨앗들이
꼬물 꼬물 눈을 뜨고 얼굴을 내민다

살며시
살포시

햇살의 따사로움을 맛 보면서
햇살의 따사로움에 힘을 얻어

무럭
무럭

세상을 아름답게 가꾼다
세상을 아름답게 꾸민다

봄이 오면
봄이 오면

나는 춤을 출 거야
나는 춤을 출 거야

하늘을 나르는 춤을

진달래

혼자서는 심심해
같이라면 삼삼해

봄이 오면 오는 대로
꽃이 피면 피는 대로

너 하나
나 하나

어깨동무 해가면서
장단 맞추면서

어디서나 있어도 없는 것처럼
어디서나 없어도 있는 것처럼

이쁘지는 않아도
담기지는 않아도

보고파서 그리워지는 꽃
꽃잎 살며시 입에 물고

하늘 쳐다보고 픈 꽃

친한 꽃

개나리

봄 소식을 전해주는 꽃
방문을 열면 보이는 꽃
울타리 둘러친 꽃
노랑 마음을 여는 꽃
이웃집 갑순이가 좋아하는 꽃

노랑 옷으로 차려입고
봄나들이 갑니다

착한 꽃

철학이란

오늘 누구를 만날까 말까
어떤 옷을 입어야 하나
점심은 무엇을 먹을까

내일은 비가 올까 말까
립스틱은 무슨 색으로 바르나
쇼핑은 어디서 할까

맨날 생각만 하는
부질없는 학문이지요

옆집 아파트에는 누가 살까
무슨 일을 하는 사람일까
어쩌다 마주치면 난망이야

당신은 지금 어디에 있나요

화려한 외출

수십 차례 면접같은 힘든 예약끝에
미술관 특별 전시를 보게 되었는데
아침부터 이쁜자켓과 검정구두를 가려신고
시간에 맞춰가는 발걸음이 가볍다

수십 년 지순하게 수집한 경외함의 은덕과
그림에서 풍기는 고귀함의 은덕에
감탄하며 넋을 잃고 헤매다가
새삼 삶의 가치를 느끼게 된다

북촌 옛 동네 정취를 맛보면서
근처에 있는 할머니네 돌담집 찾아가
여러 가지 음식을 눈과 입에 담으며
기분 좋은 행복함을 포근하게 껴안는다

숭례문을 걸어서

맨날 차 안에서 뱅뱅 돌아다니던
길 한가운데 우뚝 서있는 숭례문이

어느 날부터 당당하게 걸어서
지나다니는 숭례문이 되었는데

어찌해서 첫 번째가 되었는지는 몰라도
어찌됐든 첫 번째가 되었고

나라의 첫 번째라는 숭례문을
걸어서 지나가는 감회가 야릇하다

예전에 양반들이 헛기침하며
팔자걸음으로 휘젓던 세상을 그려보며

예로부터 양반들이 그랬던 것처럼
열린 숭례문을 걸어서 지나간다

이리 오너라

장가계를 만나니

어쩌다 길이 있어 장가계를 갔는데

지구의 조화에 감탄하고
지구의 조화에 감탄하네

사람들은 눈으로 본 것만 아는데
사람들은 눈으로 본 것으로 사는데

우리가 보는 것엔 한계가 있고
우리가 보는 것엔 끝이 있었네

작은 미물이라네
보잘것없는 미물이라네

그저 주어진 것에 만족하고
그저 주어진 것에 만족하세

자연을 경외함이 마땅함을 새기며

조양방직이 기가막혀

백 년 전 공장이 폐물이 되었는데

누구의 꿈인지
누구의 생인지

꿈속에서나 본 듯한
헷갈리는 모습들이
눈에 밟혀 어지러운데

온갖 만물들이
생명을 얻어
마음을 녹이네

내가 무엇이관데
여기에 있나
한숨이 나온다

아……

내가 세상에 빚을 졌구나
어떻게 갚아야 하나
살아있음에 감사합니다

빨간꽃에 취해서

이른 초여름
빨간 꽃 한마당을 만났는데

눈이 부셔 둘 곳을 찾네
입이 놀라 다물 수가 없네

코는 덩달아 벌름벌름
향기에 파묻혀 숨쉬기가 바쁘다

꽃의 바다에 던져진 것 같아
그냥 눕고 싶네

눈 감으면 좋은 꿈나라에 갈 것 같아
빨간 꽃에 취해서

당신의 몫

보기만 하여도 웃음이 절로 나와요

사람을 웃겨서 즐겁게 하고
기쁨을 주는 사람은 웃기는 사람이다

웃음을 가지고 웃음을 주는
웃기는 사람은 사랑받음이 마땅하다

우리는 고백한다

웃기는 사람은 좋은 사람이라고
당신은 좋은 사람이라고

좋은 사람의 웃음 속에는
기쁨만 있을까

좋은 사람의 희로애락은
당신의 몫 이지요

우리집 사람은 맨발의 청춘

주일 교회에 갈때도 맨발
남대문 병원에 갈때도 맨발
평소 집에 있을 때는 당연 맨발

맨날 전기 끄라는 요들송 1번
맨날 수도꼭지 잠그라는 요들송 2번
맨날 수건을 하루 1장만 쓰라는 요들송 3번

오늘도 간다
어디든 간다
쏜살같이

우리 집사람은 맨발의 청춘
언제나 변함없이 맨발의 청춘

한경화

한
한
한

마음으로 만나
마음을 달래며
총총 걸음으로 헤집으며
오늘 한 점에 이르렀소

나머지 몇 걸음
어깨동무로 의지하며
등판 두드리며
별나라를 그립시다

2019. 2. 3.
옆자리 철의가

IV. 당신을 그립니다

당신을 그립니다
(부제: 이승만)

우리나라가 독립한지 70여 년에
아직 통일도 이루지 못했는데

안일에 빠져 흥청망청 헤매는
오늘에 우리 모습을 보며

이 나라가 저절로 된 것은 아닐진대
우리가 지금 이래도 되는 것인지……

우리는 결단코 이 나라를 지켜야 하는
역사적 사명이 있음을 깨닫고 반성하며

잃어버린 나라를 다시 세우고
지킨 당신을 그립니다

뭉치면 살고 흩어지면 죽는다

계엄

맥을 놓고 있다가
등판을 세게 맞은 것처럼
화들짝 놀라서 눈이 크게 커지고
정신 줄 잡으며 버벅거리네

쥐구멍도 찾아야지
어느 줄에 설지 계산도 바쁘고
나라는 술에 취한 듯 이리저리 흔들리는데
바로 서서 제자리 지키기가 힘들어지네

어쩌다 이렇게 되었는지
누구 탓하기도 서럽고
머리는 복잡하고 내일이 안 보이네
동그라미 그리려다 무심코 그린 얼굴

탄핵

탄핵을 밥 먹듯하네

선거를 통하여 선출된 사람이
잘못해 탄핵하면 그 사람을 선출한 사람들은
잘못이 없을까요

잘못된 사람들이
잘못된 사람을 선출하면
잘못되는 것은 당연한 것 아닐까요

잘못은 어디 부터냐
책임은 어디 까지냐
문제는 어디에 있냐

돌을 던질 사람은 누구냐
죄 없는 사람이 돌을 던져라
죄 없는 사람은 누구냐

지난번에는 여자가 했잖아
머리에 파마말이 떼지도 못하고
동그랗게 동그랗게 맴돌다 가는 얼굴

파면

파면당하는 것이 좋은 사람은 없을 것이고
욕심이 지나쳐 남의 자리를 탐하다 파면을 당했네

어느 위인이 “너 자신을 알라” 했건만
분수도 모르고 날뛴 죄가 있으니
제 무덤을 판 꼴이 되었네

억울한 면이 없을까 만은
손목 발목에 주렁주렁 매달린 게 있으니
업보가 되어 반기고

얼굴들은 하루 사이로 모습을 바꾸니
세상 안심이 무상하네

산 목숨 거미줄이야 치겠냐 만은
구질구질하기가 절절하니

좌정하고 앉아 수양하고 수양하세

마네킹을 쫓다가

눈 뜨면 보이고
눈 감으면 들리고

현란한 이목구비에 홀려서
평생을 걸었네

그저 무조건 무조건이야

닭이 먼저냐
병아리가 먼저냐

바보와 천재는 한 장 차이래
사람에게 충성하지 않는다고

민주주의를 쫓다가
허영으로 치장한 마네킹을 쫓다가

제 발등을 찍었네
누구를 탓하랴

일장춘몽이
손을 내미네

개떡은 맛있는데

제멋대로 자란 개딸들이
기고만장 아우성을 쳐서
장마당이 개판이 되었네
개떡은 맛있는데

누구는 쌍방울 꼬드겨
침 발라놓고
"나는 몰라요" 오리발이네
셰 셰 하면 만사형통이래

민주화는 내 것이다
점 찍어놓고 갖고 노는 꽃놀이패
파먹고 파먹고 또 우려먹는다
여기에 포상금은 너무 좋아

민주화는 민주화로 풀어야지

연(緣)

만나고 헤어지고
사랑하고 미워하고

어쩌다
이 세상에 왔는데

무엇인지는 몰라도
무언가 있을 것 같아

그 무언가를 찾다가
지나가는 당신에 팔려

조르고 달래며
노심초사를 밟다가

오늘 지금
여기에 이르렀소

뒤로 갈 수는 없으니
앞으로 가야 하는데

뜬구름 보며
무심을 삶는다

연(緣)의 탯줄

어제 오늘
그리고 있을 내일까지

끊임없이 이어지는
연의 탯줄에

어눌하게 버벅대며
순응하고 불응하며

생로병사와 희로애락의
조화에 놀아나다가

이제 몇 걸음 잡힐듯 한데
그냥 보내기는 심심하니

다시금 긴 숨을 삼키고는

벗겨진 이마에 조금 남은 머리를 밑천 삼아
오늘도 씩씩하게 연(緣)을 찾는다

천하를 호령한다 하여도
배 위에서 노는 인생이라네

코로나 19 II

사람 몇이 모여 머리 맞대면
금방 잡을 것 같았던 코로나가

세월의 꼭지가 몇 바퀴를 돌아도
기세는 점점 등등해지는구나

안일에 빠져 그리던 세상사가
휴지조각 되어 펄펄 날리는데

바짝 엎드려 이리저리 굴려 봐도
길은 보이지 않고 머리만 복잡하니

이럴 때 예전부터 사람들이 상습적으로 해 오던
하나님 찾는 기도나 해야겠다

하나님 살려 주세요

무제 4

일찌감치 일어나
반듯하게 차려입고
정중하게 교회에 가서

하나님께 감사하고
기도하고 찬양하고
설교 말씀을 듣는다

그러다 울컥하면
나오는 눈물을
누가 볼세라 얼른 지운다

아 멘

평강

마음의 평강
믿음의 평강
사회의 평강
시대의 평강
나라의 평강
지구의 평강

첫 발을 뗀 아이가 뒤뚱뒤뚱 걷는 것도 평강이요
노인이 벤치에 앉아 꾸벅꾸벅 조는 것도 평강이라

나는 오늘 지금 평강의 숨을 쉬며 하늘에 빈다

우리집의 평강

2024. 9. 8.

69세

아침에 일어나
세수하고 밥 먹고

달력 한 번 쳐다보고
세수하고 밥 먹고

신문 펼쳐놓고
세상사를 푼다

그러면 안 되지
이렇게 해야지

이것저것
할 말은 느는데

깜박깜박
건망증도 챙겨야지

이래저래 하는 것은 없어도
이래저래 마음은 바쁘다

70세

계엄
탄핵
세상은 뒤숭숭한데

눈치 보는 사람은
눈치 보느라 바쁘고

볼 것 없는 사람은
입 벌리고 바라보네

내 걸음도 예전만 못한데
저물어 가는 인생의 뒤안길이
나의 꽁지에 붙은 것 같네

짝짝 꿍
짝짝 꿍

어릴 적 기억을 더듬으며
삶의 한 턱이 넘어가네

그래도 지구는 돈다

태풍이 와도
전염병이 돌아도
화산이 터져도
전쟁이 나도

모든 생명들은 거기에 맞춰
적응하고 진화하여야 한다

거기에 선악은 없다
그저 생존이라는 굴레만 있을 뿐이다

그래서 사람들은 편을 나눈다

우리는 좋은 편
너희는 나쁜 편

좋은 편은 살아야 하고
나쁜 편은 죽어야 한다

고래로 오늘까지
고래로 내일도

그래도 지구는 돈다
그래도 지구는 돈다